翰墨廉风

——西安碑林廉洁文化解读

HANMO LIANFENG

XI'AN BEILIN LIANJIE WENHUA JIEDU

贺华 主编

陕西新华出版
陕西人民教育出版社
·西安·

编 委 会

序 言

文化是一个国家、一个民族的灵魂与血脉，是人民的精神家园。中华优秀传统文化是中华民族的精神命脉，是涵养社会主义核心价值观的重要源泉，也是我们在世界文化激荡中站稳脚跟的坚实根基。廉洁文化，作为中华优秀传统文化的重要组成部分，具有丰富的精神内涵和时代价值。

西安碑林博物馆作为陕西省廉政教育示范基地，积极贯彻落实《关于加强新时代廉洁文化建设的意见》，依托馆藏文物的优秀传统文化资源，深入挖掘古代碑刻蕴含的廉洁文化元素，丰富和拓展廉洁文化传播方式，弘扬传统廉洁文化中的优秀内涵和宝贵思想，发挥廉洁文化在新时代精神文明建设中以文化人、以史育人的重要作用。

一字一世界，一笔一乾坤。

西安碑林博物馆是在具有九百多年历史的西安碑林基础上，利用西安孔庙古建筑群扩建而成，收藏汉魏时期至明清之际的四千余方藏石。这里翰墨溢香、碑石如林，记录历史、传承书法，弘扬文化、见证文明，是金石渊薮、艺术宝库和文化殿堂，是中华民族的宝贵文化遗产之一，是传承中华优秀传统文化的重要载体。

西安碑林，跨越千年，历经岁月磨砺，更显沧桑厚重。它如同一幅幅绚丽多彩的书法长卷，又似一段段跌宕起伏的历史长歌，字里行间书写着圣儒先贤的智慧哲思，片石楮墨记录着良臣廉吏的嘉言懿行，丰碑宝刻承载着书法名家的伟岸品格。这些不仅展现着传统文化的深厚底蕴，更凝聚着中华民族的精神追求。

《曹全碑》中“惠政之流，甚于置邮”；开成石经《礼记》中“苟利国家，不求富贵”，《左传》中“苟利社稷，生死以之”；《朱子家训碑》中“读书志在圣贤，为官心存君国”，《官箴》中“公生明，廉生威”……虞世南的“居高声自远，非是藉秋风”，颜真卿的“见危授命，临大节而不可夺”，柳公权的“心正则笔正”，林则徐的“荡胸自有曾云出，秀语企图夺山绿”……无不在述说着可歌可泣的廉洁佳话、荡气回肠的廉洁故事和流芳百代的廉洁典范。

树碑立传，镂石成金。

西安碑林丰厚的文化宝藏，承载着古代修身、诚信、孝亲、勤俭、民本、公廉等传统廉洁文化精髓，反映着古代先贤崇高的精神品格和美好的理想追求。这些人文宝藏，千百年来，穿越时空，在新时代依然闪烁着特有的璀璨光芒，成为照亮一代又一代中华儿女奋楫前行的精神之光。

目录

开 篇

《翰墨廉风——西安碑林廉洁文化解读》是以新时代廉洁文化建设要求为指导，以西安碑林博物馆馆藏碑石为文化载体，对碑刻文物中蕴含的廉洁思想进行深入挖掘和系统梳理，结合藏品特色和文物特点，通过清正廉洁、修身律己、诚信勤朴、孝亲友善、以民为本、家国情怀六个部分，以图文并茂、名句识读和碑刻赏玩的形式，让广大读者在品味经典与欣赏书法中，感悟传统廉洁文化带来的人生启示和思想启迪。

本书旨在以西安碑林博物馆所藏《开成石经》《石台孝经》《颜氏家庙碑》《曹全碑》《御史台精舍碑》《大观圣作之碑》《官箴》《朱子家训碑》等碑刻为基础，深入挖掘其中蕴含的公廉、修身、诚信、孝亲、民本等廉洁思想，构建以古代传统廉洁文化为代表的廉政教育品牌。数千方碑石承载着劳动人民“忠、孝、节、义”的道德规范，折射着中华民族“礼、智、信、廉”的思想理念。每一方碑石、每一段文字、每一句名言，都展示着中华优秀传统文化中的廉洁思想精华，传递着清正廉洁的价值取向。

清正廉洁，“天地之正气，人皆有之”，从“六廉”溯源、持廉守正、廉为政本等内容解读为官执政要廉洁奉公、恪守正道，弘扬清风正气。

修身律己，“三省吾身”“君子不镜于水而镜于人”是立身之本、为人之道、处世之基，是处世处事应当恪守的思想准则和行为规范。

诚信勤朴，“君子存诚，克念克敬”“克勤于邦，克俭于家”，以真诚之心行信义之事，以勤勉之行塑质朴人生。

孝亲友善，“孝者，德之本”，孝为百善之先，是一切优良品质的根本，也是涵养正己修身、廉洁从政的道德源泉。

以民为本，“民惟邦本，本固邦宁”，国以民为本，社稷为民而立。坚守人民情怀，不忘为民初心，方能行稳致远、开辟未来。

家国情怀，“家”是小“国”，“国”为大“家”。爱家与爱国、齐家与治国、敦睦家风与铸造国魂的家国情怀，植根于中华民族的灵魂和血液之中。

中华优秀传统文化中丰富的廉洁文化，是以崇廉尚德、公而忘私、清正自守、光明磊落等为价值导向，融合了廉洁价值理念、廉洁行为方式、廉洁社会风尚等元素的一种文化形态。廉洁文化资源珍藏在文物中，书写在典籍里，根植在人们心中，是中华民族在数千年的文化发展、文明进程中积淀而成的丰厚文化遗产。

习近平总书记指出，深入推进党风廉政建设需要积极借鉴我国历史上反腐倡廉的宝贵遗产，运用历代政治智慧，营造干部清正、政府清廉、政治清明的社会环境。“党员干部特别是领导干部务必把加强道德修养作为十分重要的人生必修课，自觉从中华优秀传统文化中汲取营养。”

自2013年10月以来,西安碑林博物馆依托自身的文物资源和文化优势，打造以一部短片、一堂讲座、一次参观、一场讲解、一项体验、一组文创为特色的“六个一”廉洁文化教育品牌。多年来，先后被中共陕西省纪委命名为“陕西省廉政教育示范基地”，中共陕西省委组织部命名为“陕西省党性教育示范基地”。

新时代是承前启后、继往开来的时代，是实现中华民族伟大复兴中国梦的时代。西安碑林博物馆将深入挖掘和研究藏石中的传统廉洁文化，萃取精华，汲取能量，探索廉洁文化教育新方式，讲好廉洁文化故事，让广大社会公众接受廉洁文化熏陶，形成全社会崇清尚廉的浓厚氛围，以实际行动守护廉洁文化根脉。

清正廉洁

明大德、守公德、严私德。清清白白做人、干干净净做事，注重正本清源、固本培元，加强新时代廉洁文化建设，涵养求真务实、团结奋斗的时代新风。

壹

清正廉洁

【〇一】

【〇二】

出典诸郡，弹枉纠邪，贪暴洗心，同僚服德，远近惮威。

——东汉《曹全碑》

惠政之流，甚于置邮。

——东汉《曹全碑》

【〇三】

【〇四】

〇三

桂生高岭，云露方得泫其花；莲出渌波，飞尘不能污其叶。

——唐《集王羲之书圣教序》

〇四

非莲性自洁而桂质本贞，良由所附者高，则微物不能累；所凭者净，则浊类不能沾。

——唐《集王羲之书圣教序》

【〇五】

〇五

在上不骄，高而不危。制节谨度，满而不溢。

——唐《石台孝经》

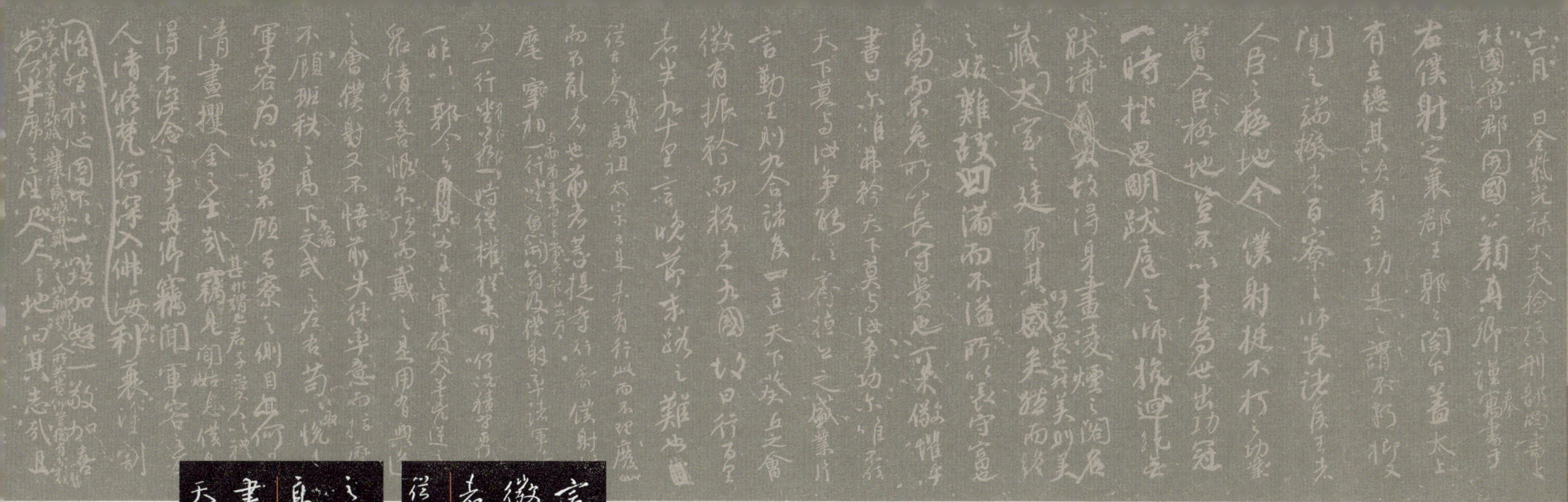

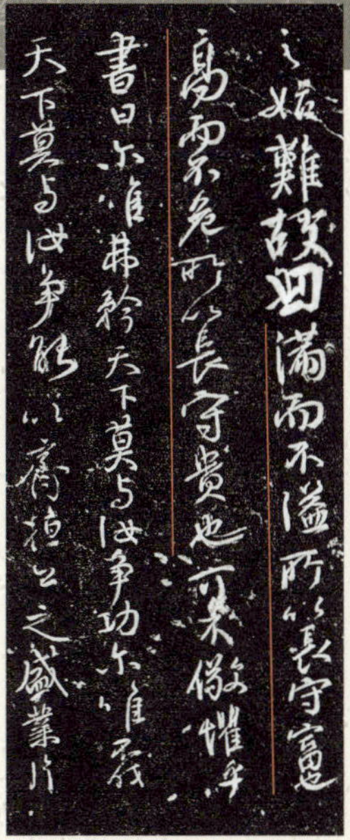

【〇六】

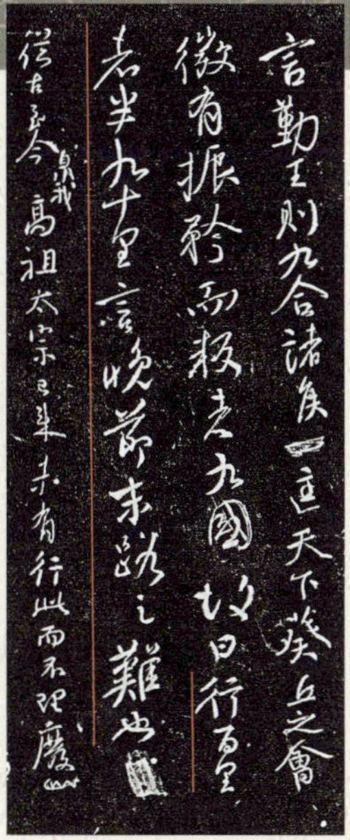

【〇七】

〇六

满而不溢，所以长守富也；高而不危，所以长守贵也。

——唐《争座位稿》(北宋摹刻)

〇七

行百里者半九十里，言晚节末路之难也。

——唐《争座位稿》(北宋摹刻)

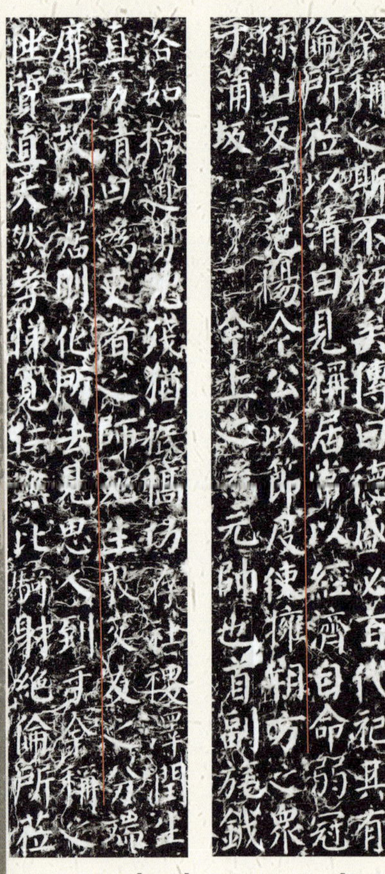

【〇八】　【〇九】

〇八

清白为吏者之师，死生敦交友之分。

——唐《郭家庙碑》

〇九

所莅以清白见称，居常以经济自命。

——唐《郭家庙碑》

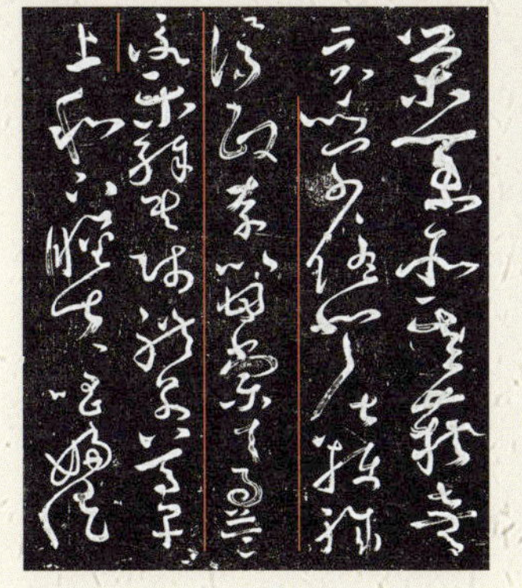

【一〇】

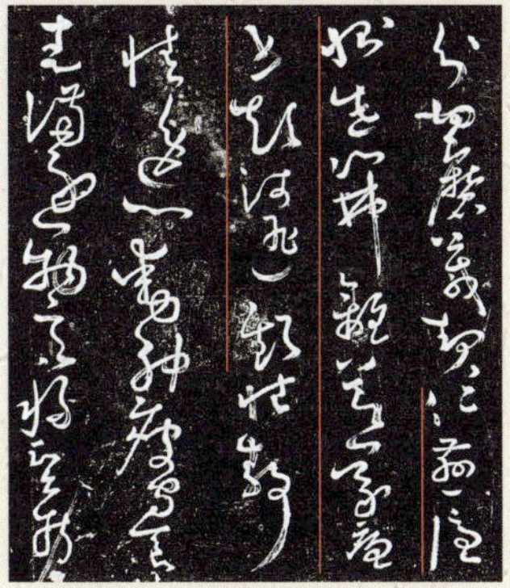

【一一】

一〇

学优登仕，摄职从政。
存以甘棠，去而益咏。

——唐《怀素草书千字文》（明代摹刻）

一一

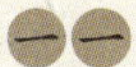

仁慈隐恻，造次弗离。
节义廉退，颠沛匪亏。

——唐《怀素草书千字文》（明代摹刻）

曰聽出入以要會以聽官
府之六計弊羣吏之治一
曰廉善二曰廉能三曰廉
敬四曰廉正五曰廉灋六
曰廉辨以灋掌祭祀朝覲
會同賓客之戒具軍旅田

【一二】

一二

以听官府之六计，弊群吏之治，一曰廉善，二曰廉能，三曰廉敬，四曰廉正，五曰廉法，六曰廉辨。

——唐开成石经《周礼》

欲脩其身者先正其心欲
正其心者先誠其意欲誠
其意者先致其知致知在
格物物格而后知至知至
而后意誠意誠而后心正
心正而后身脩身脩而后
家齊家齊而后國治國治
而后天下平自天子以至
於庶人壹是皆以脩身爲

【一三】

獻玉者曰以示玉人玉人
以爲寶也故敢獻之子罕
曰我以不貪爲寶爾以玉
爲寶若以與我皆喪寶也
不若人有其寶稽首而告
曰小人懷璧不可以越鄉
納此以請死也子罕寘諸
其里使玉人爲之攻之富
而後使復其所十二月鄭

【一四】

一三

国治而后天下平。

——唐开成石经《礼记》

一四

我以不贪为宝，尔以玉为宝。若以与我，皆丧宝也，不若人有其宝。

——唐开成石经《左传》

曰不患人之不□不
知人也
爲政第二　何晏集解
子曰爲政以德辟如北辰
居其所而衆星共之子曰
詩三百一言以蔽之曰思
無邪子曰道之以政齊之

【一五】

曰其身正不令而行其身
不正雖令不從子曰魯衛
之政兄弟也子謂衛公子
荆善居室始有曰苟合矣
少有曰苟完矣富有曰苟
美矣子適衛冉有僕子曰
庶矣哉冉有曰既庶矣又
何加焉曰富之曰既富矣

【一六】

有用我者期月而已可也
三年有成子曰善人爲邦
百年亦可以勝殘去殺矣
誠哉是言也子曰如有王
者必世而後仁子曰苟正
其身矣於從政乎何有不
能正其身如正人何冉子
退朝子曰何晏也對曰有

【一七】

一五

为政以德，譬如北辰，居其所而众星拱之。

——唐开成石经《论语》

一六

其身正，不令而行；其身不正，虽令不从。

——唐开成石经《论语》

一七

苟正其身矣，于从政乎何有？不能正其身，如正人何？

——唐开成石经《论语》

故任官临政，趋利犯义，诋讪贪污，无不为者。此官非其人，士不素养故也。

——北宋《大观圣作之碑》

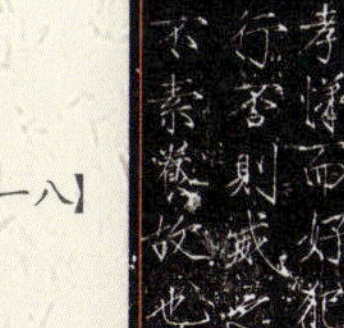

【一八】

法以策論詞賦經義為能以謹朴廉潔自重從

【一九】

一九 以谨朴廉洁自重。

——金《重修府学教养碑》

【二〇】

二〇

勿谓一念可欺也，须知有天地鬼神之鉴察。
勿谓一言可轻也，须知有前后左右之窃听。
勿谓一事可忽也，须知有身家性命之关系。
勿谓一时可逞也，须知有祸福子孙之报应。
——清《四勿格言》

【二一】

二一

扬清知疾苦，激浊勉官箴。

——清《赐佛伦诗》

【二二】

二二

清风来故人

——清《清风来故人》

【二三】

二三

吏不畏吾严而畏吾廉，
民不服吾能而服吾公。
公则民不敢慢，
廉则吏不敢欺。
公生明，廉生威。

——清《官箴》

而自樂私貨財而故窮妄作聰明而醲過肆逞愚詐而累躬或
虧憐慢高明而不遜嫉師法而無謙匿怨忿而就容不同壓而
陋以示賢或當爲而不力非宜行以罔踐顛是非而取媚混曲
饕食利而傷廉恕己非而責人縱他失而自全貴順意而賤忤
影以沙射閒談物而皿鄙性左方而志固心駁雜而意偏執謬

【二四】

二四

饕食利而伤廉。

——清《瑚三希先生祝文》

天地正氣

右四字湘陰相國左文襄公所書公之勳業著在天壤書法亦高抗古人無俟予言竊謂天地之正氣人皆有之惟君子為能直養無害全剛大而配道義使正氣常塞乎兩間故陰不得侵陽邪不得干正小人不得加君子外夷不得陵中國公之生平蓋皆天地之正氣發洩流露茲幅心畫亦見一端俾覽者觸目森然各知正氣之在我而不可有一毫自畀自污之私即於世道人心不無裨補公既歿 敬齋太守取以刊摹公之斯世以致拳拳不忘之意且如正襟肅容在公左右間也爲之敬跋而歸之光緒乙酉小陽

三原賀瑞麟

右四字湘陰相國左文襄公所書公之勳業著在天壤書法亦高抗古人無俟予言竊謂天地之正氣人皆有之惟君子為能直養無害全剛大而配道義使正氣常塞乎兩間故陰不得侵陽邪不得干正小人

【二五】

正氣常塞乎兩間故陰不得侵陽邪不得干正小人不得加君子外夷不得陵中國公之生平蓋皆天地之正氣發洩流露茲幅心畫亦見一端俾覽者觸目森然各知正氣之在我而不可有一毫自畀自污之

【二六】

二五

天地之正气，人皆有之。

——清《天地正气》

二六

故阴不得侵阳，邪不得干正，小人不得加君子，外夷不得陵中国。

——清《天地正气》

修身律己

贰

严以修身，才能严以律己。常怀律己之心，要有『与人不求备，检身若不及』的精神，不断自我净化，时刻自重、自省、自警、自励，做到慎独、慎微、慎始、慎终。

【〇一】

〇一

君子豹变，小人□□[革面]。

——东汉《熹平石经》

【〇二】

〇二

忠信，所以进德也。

—— 东汉《熹平石经》

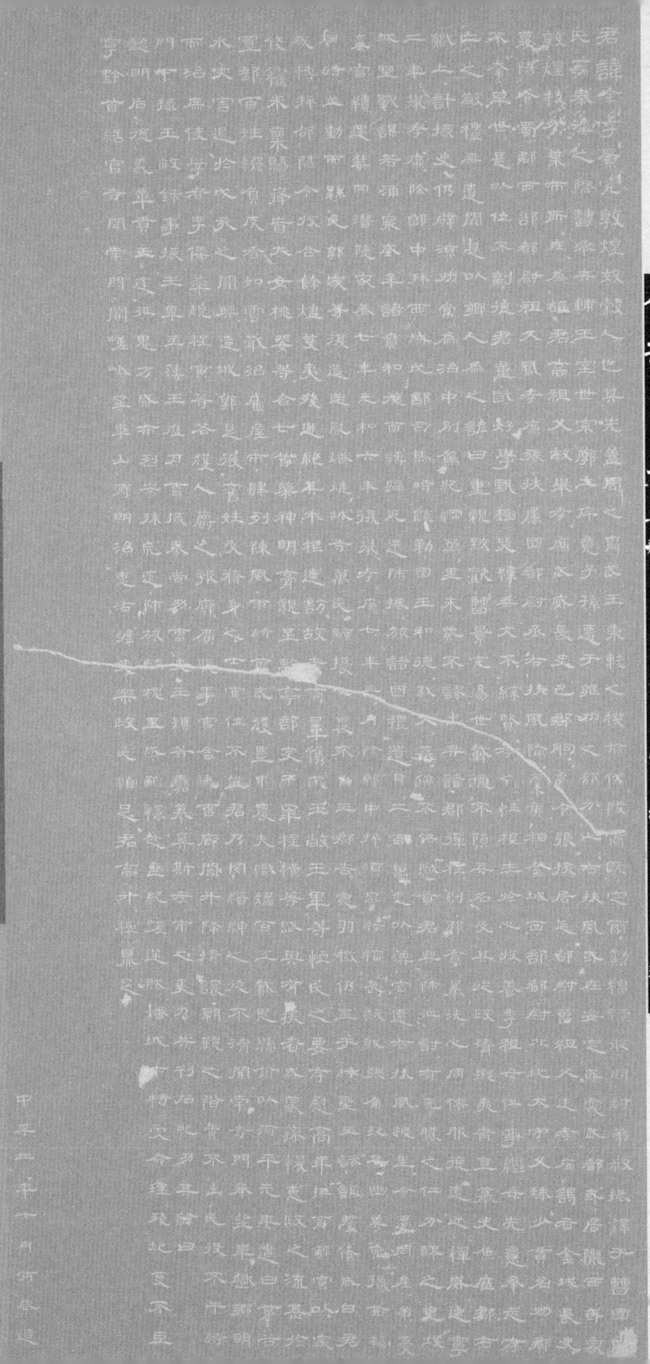

【〇三】

〇三

君童龀好学，甄极毖纬，无文不综。

——东汉《曹全碑》

【〇四】

〇四

据德依□[仁]，□[居]贞体道。

——唐《皇甫诞碑》

大唐三藏聖教之序

之世人仰德而知遵及乎晦影歸真遷儀越世金容
十地然而真教難仰莫能一其指歸曲學易遵邪正
幼懷貞敏早悟三空之心長契神情先苞四忍之行
古而無對凝心內境悲正法之陵遲栖慮玄門慨深
孫迺積雪晨飛塗閒失地驚砂夕起空外迷天萬里

【〇五】

〇五

幼怀贞敏，早悟三空之心；长契神情，先苞四忍之行。

——唐《同州圣教序碑》

故大德因法師碑

何恃思去髮膚之愛將酬罔極之恩便詣靈巖道場從師
稟久制迴流增智望井加勤在疑必請見義思益尋講涅
十誦之端五篇之賾篤親均美傳燈在躬又於彭城嵩論
者方許入聽法師夏臘雖幼業行攸高獨於衆中迴見推
始每攝衣講席隱几雕堂舉以玉柄敷其金牓渙乎冢釋

【〇六】

〇六

溯流增智，望井加勤，在疑必请，见义思益。

——唐《道因法师碑》

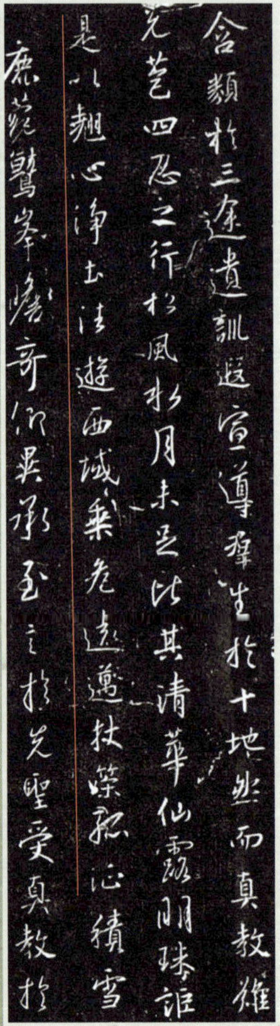

【〇七】

〇七

是以翘心净土，往游西域，乘危远迈，杖策孤征。

——唐《集王羲之书圣教序》

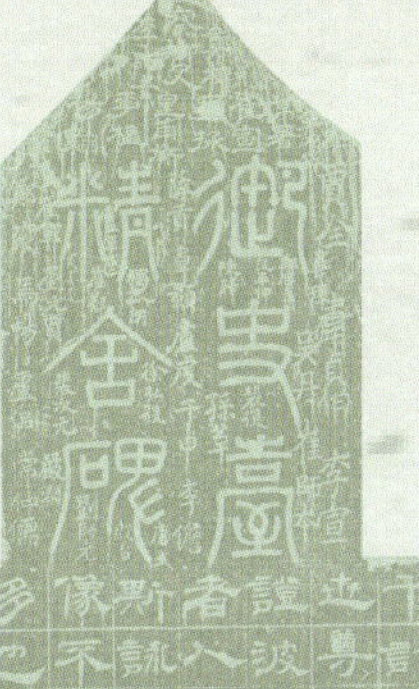

【〇八】

〇八

彼君子兮，福所履兮，是度揆兮，不□[日]成兮。

——唐《御史台精舍碑》

【〇九】

〇九

性笃仁厚，天姿通简，取舍自在，深净无边。

——唐《大智禅师碑》

【一〇】

一〇

继前贤之令轨，为后进之康衢。

——唐《隆阐法师碑》

【一一】

【一二】

一一

言思可道，行思可乐，德义可尊，作事可法，容止可观，进退可度，以临其民。

——唐《石台孝经》

一二

居家理，故治可移于官。是以行成于内，而名立于后世矣。

——唐《石台孝经》

之始難[illegible][illegible]滿而不溢所以長守富
高而不危所以長守貴也可不儆懼乎
書曰爾惟弗矜天下莫與汝爭功爾惟不伐
天下莫與汝爭能以齊桓公之盛業片
言勤王則九合諸侯一匡天下葵丘之會

【一三】

一三

尔唯弗矜，天下莫与汝争功；尔唯不伐，天下莫与汝争能。

——唐《争座位稿》(北宋摹刻)

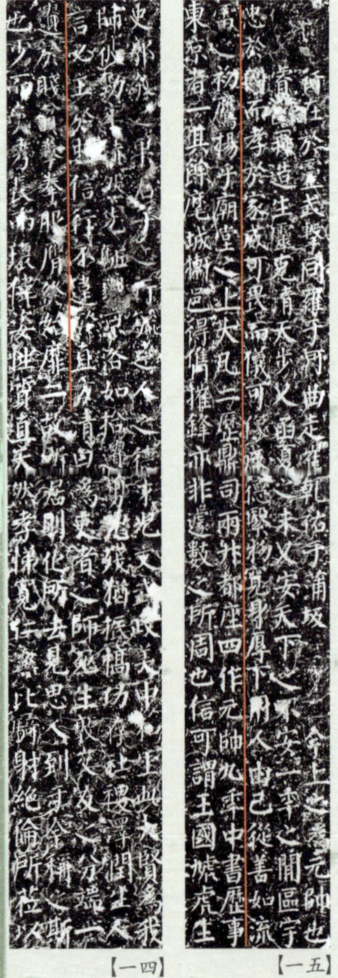

【一四】　【一五】

一四

言必主于忠信，行不违于直方。

——唐《郭家庙碑》

一五

忠于国而孝于家，威可畏而仪可像。盛德繄物，宽身厚下，用人由己，从善如流。

——唐《郭家庙碑》

【一六】

一六

依仁服义，怀文守一。履道自居，下帷终日。

——唐《颜勤礼碑》

【一七】

一七

守真志满，逐物意移。坚持雅操，好爵自縻。

——唐《怀素草书千字文》(明代摹刻)

【一八】　　【一九】

一八

人患不知其过，既知之，不能改，无解也。

——唐《韩愈五箴》(北宋摹刻)

一九

悔不可止，悔不可为。思而斯得，汝则弗思。

——唐《韩愈五箴》(北宋摹刻)

不得其門遊者不知
以慈修身以儉莅物
玄元清靜之教吾當
麟德殿講論大德賜

【二〇】

二〇

以慈修身，以俭莅物。

——唐《迴元观钟楼铭》

乘六龍以御天乾道變化
各正性命保合大和乃利
貞首出庶物萬國咸寧象
曰天行健君子以自強不
息潛龍勿用陽在下也見
龍在田德施普也終日乾
乾反復道也或躍在淵進
无咎也飛龍在天大人造
也亢龍有悔盈不可久也

【二一】

疆柔順利貞君子攸行先
迷失道後順得常西南得
朋乃與類行東北喪朋乃
終有慶安貞之吉應地无
疆象曰地勢坤君子以厚
德載物初六履霜堅冰至
象曰履霜堅冰陰始凝
也馴致其道至堅冰也六
二直方大不習无不利象

【二二】

迷失道後順得常西南得
朋乃與類行東北喪朋乃
終有慶安貞之吉應地无
疆象曰地勢坤君子以厚
德載物初六履霜堅冰至
象曰履霜堅冰陰始凝
也馴致其道至堅冰也六
二直方大不習无不利象
曰六二之動直以方也不

【二三】

二一

天行健，君子以自强不息。

——唐开成石经《周易》

二二

地势坤，君子以厚德载物。

——唐开成石经《周易》

二三

履霜，坚冰至。象曰：履霜坚冰，阴始凝也；驯致其道，至坚冰也。

——唐开成石经《周易》

【二四】

【二五】

【二六】

二四

傲不可长，欲不可从，志不可满，乐不可极。

——唐开成石经《礼记》

二五

非礼不动，所以修身也。

——唐开成石经《礼记》

二六

博学之，审问之，慎思之，明辨之，笃行之。

——唐开成石经《礼记》

欲明明德於天下者先治
其國欲治其國者先齊其
家欲齊其家者先脩其身
欲脩其身者先正其心欲
正其心者先誠其意欲誠
其意者先致其知致知在
格物物格而后知至知至
而后意誠意誠而后心正
心正而后身脩身脩而后
家齊家齊而后國治國治

【二七】

二七

欲明明德于天下者，先治其国；欲治其国者，先齐其家；欲齐其家者，先修其身；欲修其身者，先正其心；欲正其心者，先诚其意；欲诚其意者，先致其知；致知在格物。

——唐开成石经《礼记》

臧文仲既没其言立其是
之謂乎豹聞之大上有立
德其次有立功其次有立
言雖久不廢此之謂不朽
若夫保姓受氏以守宗祊
世不絶祀無國無之祿之
大者不可謂不朽范宣子
爲政諸侯之幣重鄭人病
之二月鄭伯如晉子產寓
書於子西以告宣子曰子

【二八】

二八

太上有立德，其次有立功，其次有立言。虽久不废，此之谓不朽。

——唐开成石经《左传》

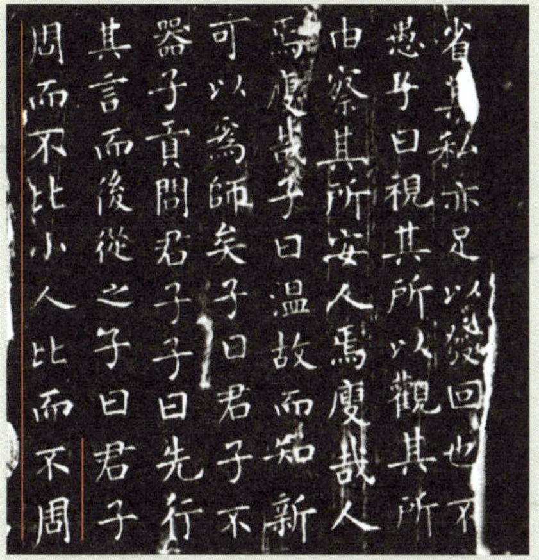

【二九】

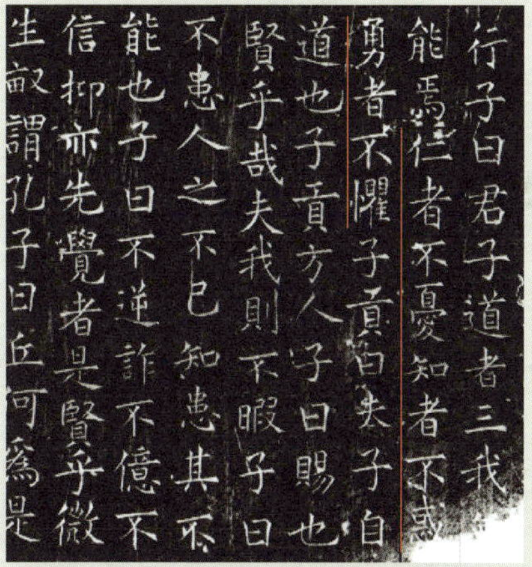

【三〇】

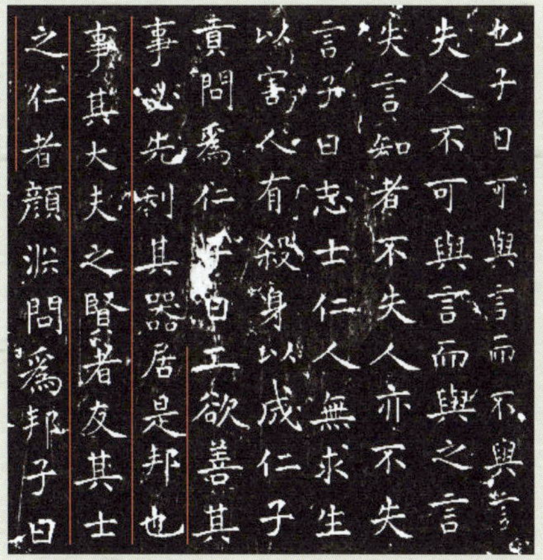

【三一】

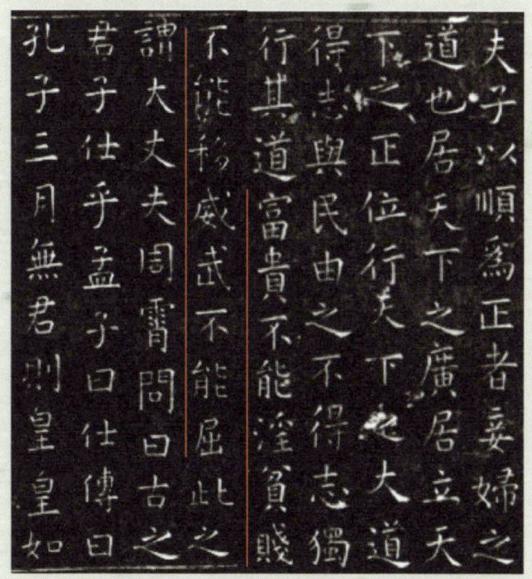

【三二】

二九

君子周而不比，小人比而不周。

——唐开成石经《论语》

三〇

仁者不忧，知者不惑，勇者不惧。

——唐开成石经《论语》

三一

工欲善其事，必先利其器。居是邦也，事其大夫之贤者，友其士之仁者。

——唐开成石经《论语》

三二

富贵不能淫，贫贱不能移，威武不能屈。

——清刻《孟子》

【三三】

三三

知过必改，得能莫忘。罔谈彼短，靡恃己长。

——北宋《篆书千字文碑》

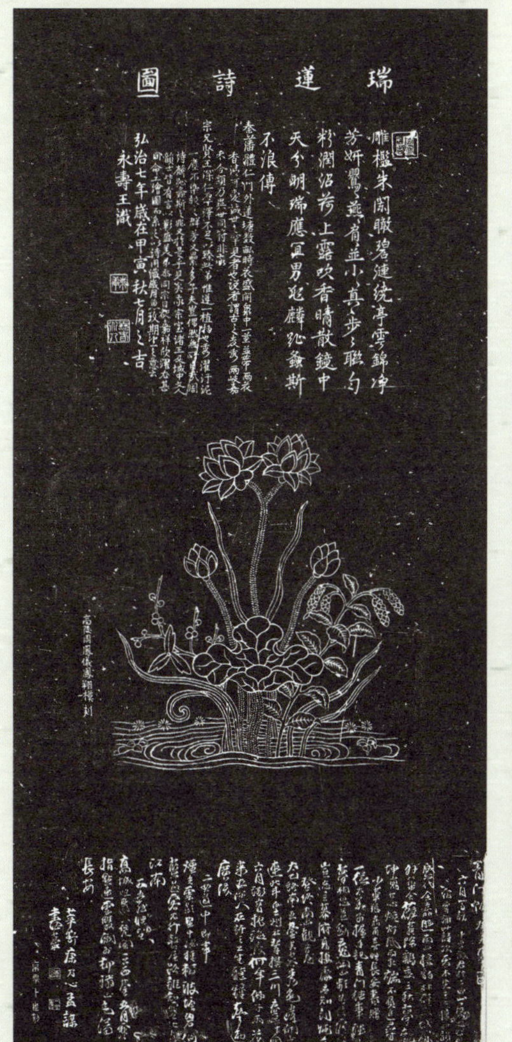

【三四】

三四

惟莲，一植物也，秀濯污泥，一尘不染。

——明《瑞莲诗图》

三五

中和

——明《中和》

【三五】

是故無自欺一語乃大人正己之真詮而上
詩云有物有則物雖在物則常在我仁敬慈
而天下同止於慈孝則慈孝之物格吾止於

【三六】

物耶詩云有物有則物雖在物則常在我仁
慈孝而天下同止於慈孝則慈孝之物格吾
物有一之不格己不可以言正此己之外別

【三七】

三六

有物有则，物虽在物，则常在我。

——明《正己格物说》

三七

物有一之不格，己不可以言正。

——明《正己格物说》

【三八】

三八

勿谓幼小，禽犊姑息，习惯少成，挽回靡克。

——明《徐翼所公家训碑》

三九

外不劳形于事，内无思想之患，以恬愉为务，以自得为功，形体不敝，精神不散，可寿百岁。

——明《余说书格言》

【三九】

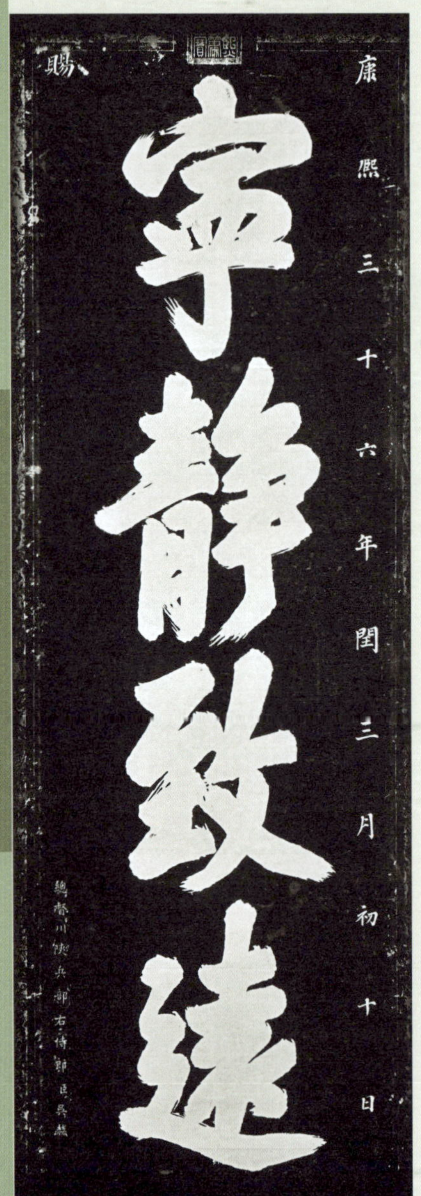

【四〇】

朕臨馭以来隆重師儒加意庠序近復慎
罕著雖因内外臣工奉行未能盡善亦由
者先立品行次及文學學術事功源委有
事親秉忠貞以立志窮經考義勿雜荒誕

【四一】

四〇

宁静致远

——清《宁静致远》

四一

先立品行，次及文学学术事功。

——清《训饬士子文碑》

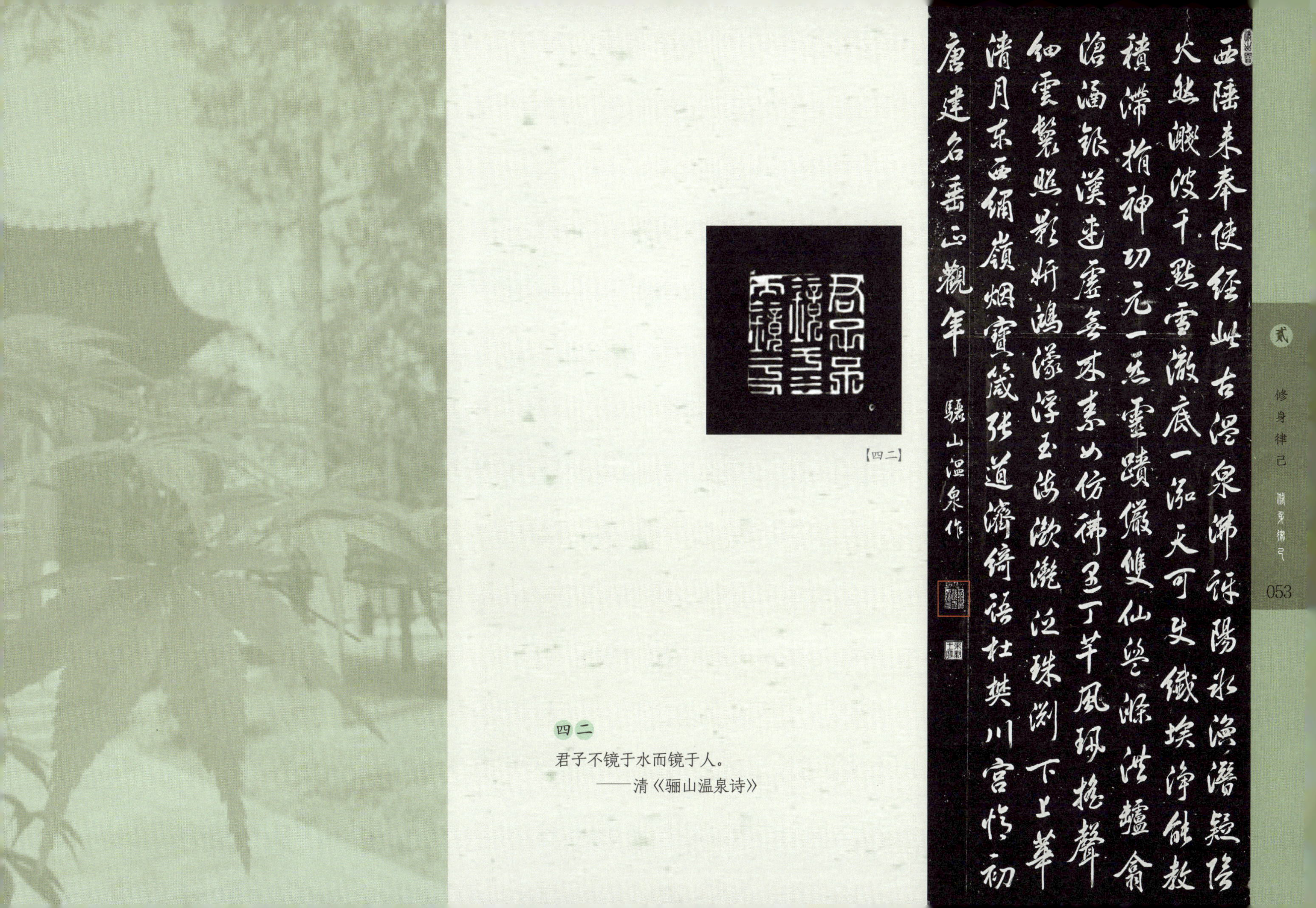

【四二】

四二

君子不镜于水而镜于人。

——清《骊山温泉诗》

黎明即起洒掃庭除要內外整潔既昏便息關鎖門戶必親自檢點
恒念物力維艱宜未雨而綢繆毋臨渴而掘井自奉必須儉約宴客
飲食約而精園蔬愈珍饈勿營華屋勿謀良田三姑六婆實淫盜之

【四三】

宜未雨而綢繆毋臨渴而掘井自奉必須儉約宴客切勿流連器具
蔬愈珍饈勿營華屋勿謀良田三姑六婆實淫盜之媒婢美妾嬌非
艷粧祖宗雖遠祭祀不可不誠子孫雖愚經書不可不讀居身務其

【四四】

四三

黎明即起，洒扫庭除，要内外整洁，既昏便息，关锁门户，必亲自检点。

——清《朱子家训碑》

四四

宜未雨而绸缪，毋临渴而掘井。

——清《朱子家训碑》

四五

自奉必须俭约，宴客切勿流连。

—— 清《朱子家训碑》

四六

居身务其质朴，训子要有义方。

—— 清《朱子家训碑》

四七

施惠无念、受恩莫忘。凡事当留余地，得意不可再往。

—— 清《朱子家训碑》

【四五】 【四六】 【四七】

酉退而不仕以祝文自誓告　天遷善改過終日孜孜儒道反躬真踐實行明
設學訓俗救危恤苦居仁由義甘貧樂道有數千金不昧之事有不愧衾影之行
而對凡教諸生必然衣冠整齊雖炎暑則不解冠帶從學於　西銘公年六十而
朱之學以中孚豐川之未祀為念繹四書反身錄一部著內省錄八卷原稿呈於
忘食於道光辛巳十二月廿日寅時端坐而逝　崇公夜聞　先生叩門令其子

【四八】

四八

设学训俗，救危恤苦，居仁由义，甘贫乐道。有数千金不昧之事，有不愧衾影之行。

——清《瑚三希先生祝文》

【四九】

四九
正心修身，克己复礼。
——清《魁星点斗图》

司馬温公曰吾無過人
者但平生所爲未有不
可對人言者耳
平軒拜書

【五〇】

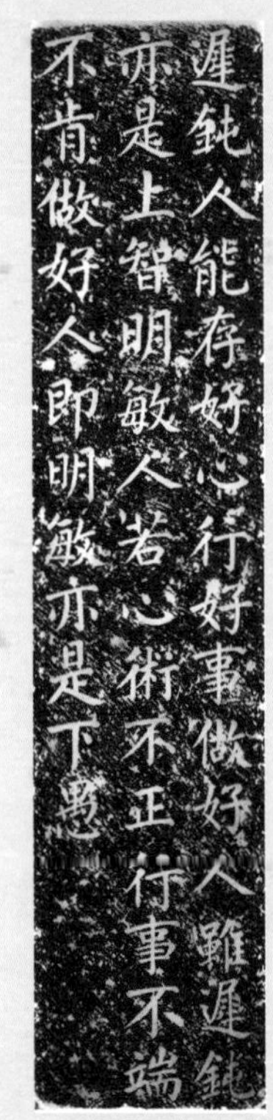

【五一】

【五二】

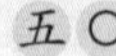
五〇

司马温公曰：吾无过人者，但平生所为，未有不可对人言者耳。

——清《司马温公格言》

五一

迟钝人能存好心，行好事，做好人，虽迟钝亦是上智；明敏人若心术不正，行事不端，不肯做好人，即明敏亦是下愚。

——清《格言四则》

五二

立身以行检为主，居家以勤俭为主。处人以谦下为主，涉世以忍让为主。

——清《格言四则》

诚信勤朴

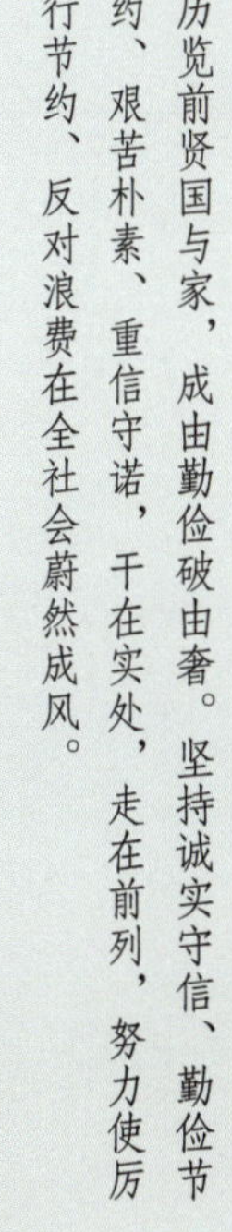

历览前贤国与家，成由勤俭破由奢。坚持诚实守信、勤俭节约、艰苦朴素、重信守诺，干在实处，走在前列，努力使厉行节约、反对浪费在全社会蔚然成风。

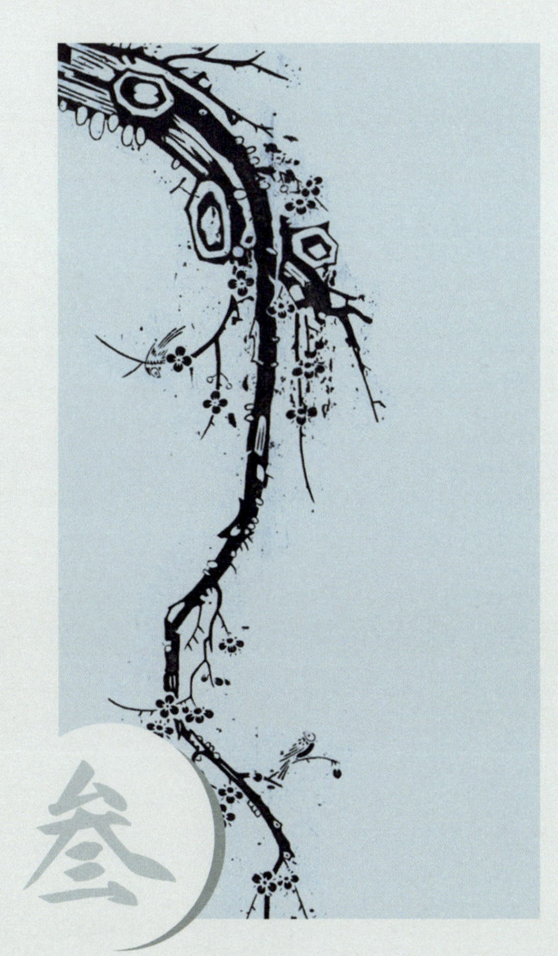

叁

诚信勤朴

【○一】

卑宫菲食，轻徭薄赋；□□[斫雕]反朴，抵璧藏金；革舄垂风，绨衣表化。

——唐《孔子庙堂碑》(北宋摹刻)

夫夫婦婦而家道正正家
而天下定矣象曰風自火
出家人君子以言有物而
行有恒初九閑有家悔亡
象曰閑有家志未變也六
二无攸遂在中饋貞吉象
曰六二之吉順以巽也九
三家人嗃嗃悔厲吉婦子
嘻嘻終吝象曰家人嗃嗃

【○二】

君子以言有物而行有恒。

——唐开成石经《周易》

【〇三】

【〇四】

克勤于邦，克俭于家。

——唐开成石经《尚书》

功崇惟志，业广惟勤。

——唐开成石经《尚书》

信乎朋友有道不順乎親不信乎朋友矣順乎親有道反諸身不誠不順乎親矣誠身有道不明乎善不誠乎身矣誠者天之道也誠之者人之道也誠者不勉而中不思而得從容中道聖人也誠之者擇善而固執之者也博學之審問之慎思之明辨之篤行之有弗學學之弗能弗措也

【〇五】

寒小民亦惟曰怨子曰下之事上也身不正言不信則義不壹行無類也子曰言有物而行有格也是以生則不可奪志死則不可奪名故君子多聞質而守之多志質而親之精知略而行之君陳曰出入自爾師虞庶言同詩云淑人君子其儀一也子曰唯君子能好其正

【〇六】

〇五

诚者，天之道也；诚之者，人之道也。

——唐开成石经《礼记》

〇六

言有物而行有格也，是以生则不可夺志，死则不可夺名。

——唐开成石经《礼记》

安出敢專也必以分人對
曰小惠未徧民弗從也公
曰犧牲玉帛弗敢加也必
以信對曰小信未孚神弗
福也公曰小大之獄雖不
能察必以情對曰忠之屬
也可以一戰戰則請從公
與之乘戰于長勺公將鼓

【〇七】

廿四年春刻其桷皆非
禮也御孫諫曰臣聞之儉
德之共也侈惡之大也先
君有共德而君納諸大惡
無乃不可乎秋哀姜至公
使宗婦覿用幣非禮也御
孫曰男贄大者玉帛小者
禽鳥以章物也女贄不過

【〇八】

〇七

牺牲玉帛，弗敢加也，必以信。

——唐开成石经《左传》

〇八

俭，德之共也；侈，恶之大也。

——唐开成石经《左传》

謀而不忠乎[illegible]而
不信乎傳不習[illegible]曰道
千乘之國敬事而信節用
而愛人使巳以時子曰弟
子入則孝出則弟謹而信
汎愛衆而親仁行有餘力
則以學文子夏曰賢賢易

【〇九】

不行知和而和不以禮節
之亦不可行也有子曰信
近於義言可復也恭近於
禮遠恥辱也因不失其親
亦可宗也子曰君子食無
求飽居無求安敏於事而
慎於言就有道而正焉可

【一〇】

〇九

节用而爱人，使民以时。

——唐开成石经《论语》

一〇

信近于义，言可复也。

——唐开成石经《论语》

【一一】

【一二】

【一三】

一一

人而无信，不知其可也。大车无輗，小车无□[軏]，其□□[何以]行之哉。

——唐开成石经《论语》

一二

士志于道，而耻恶衣恶食者，未足与议也。

——唐开成石经《论语》

一三

一箪食，一瓢饮，在陋巷，人不堪其忧，回也不改其乐。贤哉，回也。

——唐开成石经《论语》

【一四】

【一五】

【一六】

奢则不孙，俭则固，与其不孙也，宁固。

——唐开成石经《论语》

君子坦荡荡，小人长戚戚。

——唐开成石经《论语》

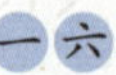

君子耻其言而过□[其]行。

——唐开成石经《论语》

論語卷第八
衛靈公第十五　何晏集解
衛靈公問陳於孔子孔子
對曰俎豆之事則嘗聞之
矣軍旅之事未之學也明
日遂行在陳絕糧從者病
莫能興子路慍見曰君子
亦有窮乎子曰君子固窮
小人窮斯濫矣子曰賜也
女以予為多學而識之者

【一七】

一七

君子固穷，小人穷斯滥矣。

——唐开成石经《论语》

眸子瞭焉胷中不正則眸
子眊焉聽其言也觀其眸
子人焉廋哉孟子曰恭者
不侮人儉者不奪人侮奪
人之君惟恐不順焉惡得
爲恭儉恭儉豈可以聲音
笑貌爲哉淳于髡曰男女
授受不親禮與孟子曰禮
也曰嫂溺則援之以手乎
曰嫂溺不援是豺狼也男

【一八】

恭者不侮人，俭者不夺人。

——清刻《孟子》

勤事務本

【一九】

一九 勤事务本。

——元《粤惟泮宫》

宋儒范氏心箴
茫茫堪輿俯仰無垠
人於其間眇然有身
是身之微大倉稊米
參為三才曰惟心耳
往古来今孰無此心
心為形役乃獸乃禽
惟口耳目手足動靜
投間抵隙為厥心病
一心之微衆欲攻之
其與存者嗚呼幾希
君子存誠克念克敬
天君泰然百體從令

堪輿是指天地說無垠是無有界限宋儒范氏浚作心箴說道茫茫然天地廣大無有界限而人居其中便似太倉中一粒粟米天地這般大人身這般小人與天地參為三才有非以形體而言惟其心耳蓋心為一身之主吾心[illegible]百體四肢莫不聽其使令若心[illegible]不正則被聲色所移物慾所攻[illegible]理反豈不於人道達哉故范氏[illegible]雖是常言西山真氏特錄於大[illegible]之中以獻時君宋君雖未能體[illegible]後世告其致意也深其用功也至是予[illegible]所嘉慕而味念之箴之作本于范氏非真西山發揚其孰能之哉嗚呼念哉

其與存者嗚呼幾希
君子存誠克念克敬
天君泰然百體從令

【二〇】

二〇

君子存诚，克念克敬。

——明《范氏心箴》

仁敬慈孝信此吾心之善物也吾止於仁敬而天
吾止於信而天下同止於信則與國人交之信之
別無所謂物正己之外別無所謂格物也此之謂

【二一】

吾止于信，而天下同止于信，则与国人交之信之。

——明《正己格物说》

可省即省乃儉之
宗寸積銖累遂成
素封富而稱人悔

【二二】

可省即省，乃俭之宗。

——明《徐翼所公家训碑》

檢點一粥一飯當思來處不易半絲半粒
恒念物力維艱宜未雨而綢繆毋臨渴
飲食約而精園蔬愈珍饈勿營華屋勿

【二三】

二三

一粥一饭，当思来处不易。
半丝半粒，恒念物力维艰。
——清《朱子家训碑》

養然後力行以求至所為自明而誠也故學必盡其心盡其
誠之之道在乎信道篤信道篤則行之果行之果則守之固
久而弗失則居之安動容周旋中禮而邪僻之心無自生矣

【二四】

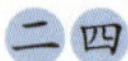

诚之之道，在乎信道笃。信道笃则行之果，行之果则守之固。

——清《程夫子颜子所好何学论》

而侮賢興始勤而終惰好攀高而務
是聽惟損是言沽名市譽粉節粧儉
男寶珍妻室荆棘友昆狂橫驕傲猛

【二五】

或嫚罵腹誹溺謔沉玩嫌貧欲富假
害傷殘苟求喻利不正失寬或下上
白異紅青青紅低高高低公私私公

【二六】

沽名市誉，粉节妆俭。

——清《瑚三希先生祝文》

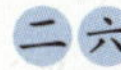

苛求喻利，不正失宽。

——清《瑚三希先生祝文》

孝亲友善

孝亲敬老、和睦相助、仁爱友善、礼义传家等是中华民族传统美德，是建设幸福家庭、和谐社会的重要内容，流淌在中华民族的血脉中，滋养着亿万人民的心灵。

肆

孝親友善

【○一】

贤孝之性，根生于心，收养季祖母，供事继母，先意承志，存亡之敬，礼无遗阙。是以乡人为之谚曰：“重亲致欢曹景完”。易世载德，不陨其名。

——东汉《曹全碑》

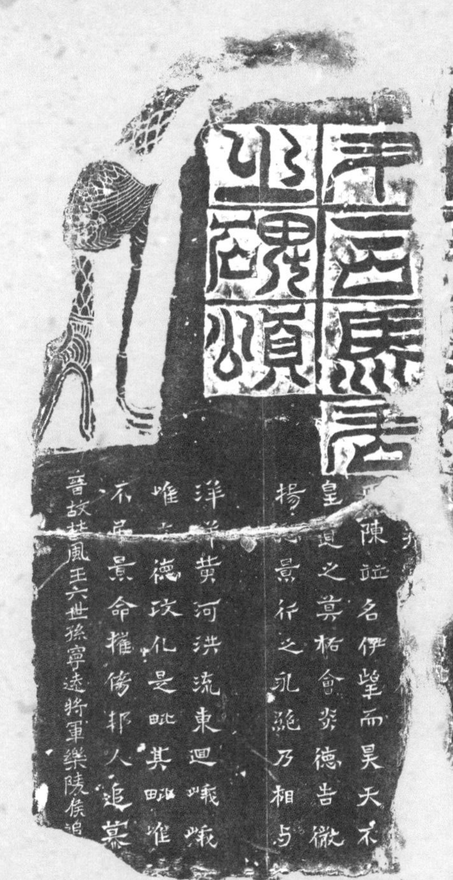

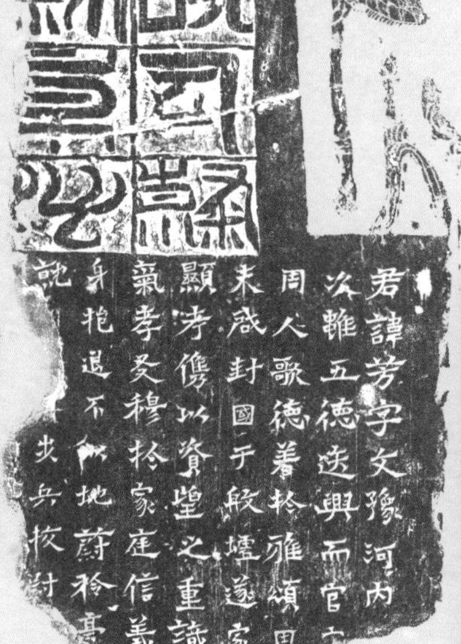

【〇二】

〇二

孝友穆于家庭。

——西晋《司马芳残碑》

【〇三】

〇三

资父事君，曰严与敬。孝当竭力，忠则尽命。

——隋《智永真草千字文》(北宋摹刻)

【〇四】

〇四

外受傅训，入奉母仪。诸姑伯叔，犹子比儿。孔怀兄弟，同气连枝。

——隋《智永真草千字文》(北宋摹刻)

負奉上玄肅恭清廟宵衣晨食視膳之禮無方一日萬機問安之誠弥
篤孝治要道於斯為大故能使地　風淳俗厚日月所照無思不
貳師之兵憑淩滋甚　皇威所被　空山盡漠歸命闕庭充仞
河楛矢東歸白環西入猶且兢懷　隍畢宮菲食輕傜薄賦

【〇五】

代事踰恒典於是在三睠命北　克隆帝道平承鴻業明玉鏡以式
孝治要道於斯為大故能使地　風淳俗厚日月所照無思不服
師之兵憑淩滋甚　皇威所被　空山盡漠歸命闕庭充仞
楛矢東歸白環西入猶且兢懷　隍畢宮菲食輕傜薄賦

【〇六】

〇五

宵衣昃食，视膳之礼无方；一日万机，问安之诚弥笃。

——唐《孔子庙堂碑》(北宋摹刻)

〇六

孝治要道，于斯为大。故能使地□□□[平天成]，风淳俗厚。日月所照，无思不服。

——唐《孔子庙堂碑》(北宋摹刻)

【〇七】

【〇八】

〇七

孝穷温清之方，忠□□□[尽匡救]之道。

—— 唐《皇甫诞碑》

〇八

孝德则师范彝伦，精诚则贯彻幽显，虽高曾之至性，何□[以]加焉。

—— 唐《皇甫诞碑》

孝者德之本教之所由生也故親自訓注垂範將來今石臺畢功亦卿之善職覽所進本深嘉用心

【〇九】【一〇】【一一】

〇九

爱亲者，不敢恶于人，敬亲者，不敢慢于人。

—— 唐《石台孝经》

一〇

孝子之事亲也，居则致其敬，养则致其乐，病则致其忧，丧则致其哀，祭则致其严。五者备矣，然后能事亲。

—— 唐《石台孝经》

一一

孝者德之本，教之所由生也。

—— 唐《石台孝经》

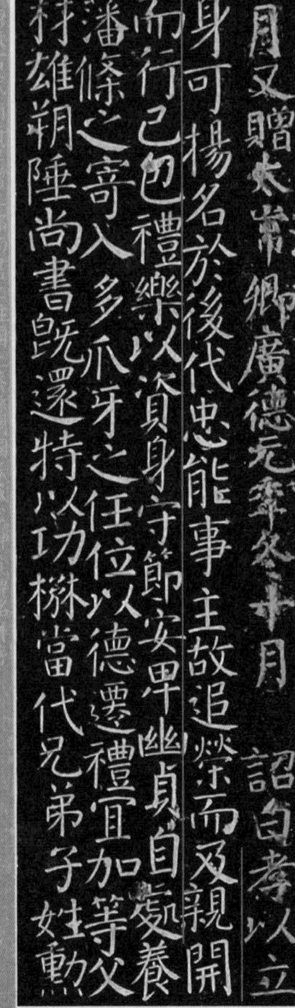

【一二】

一二

孝以立身，可扬名于后代；忠能事主，故追荣而及亲。

——唐《臧怀恪碑》

【一三】

一三

临深履薄，夙兴温凊。似兰斯馨，如松之盛。

——唐《怀素草书千字文》(明代摹刻)

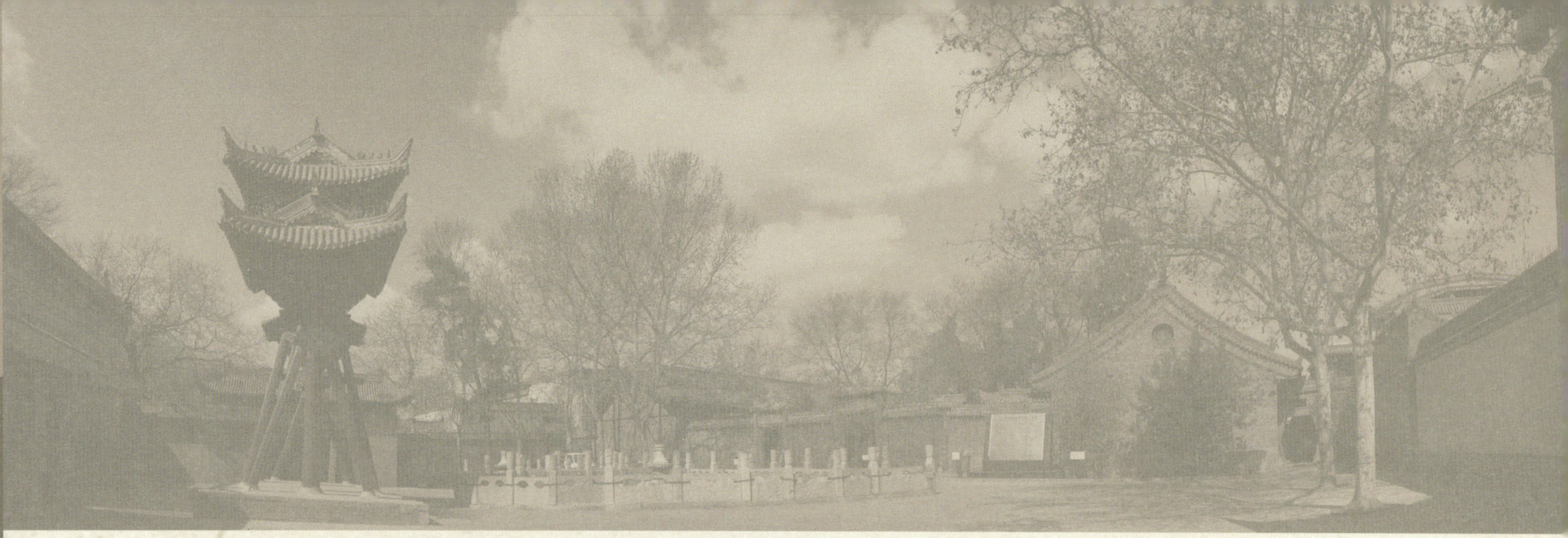

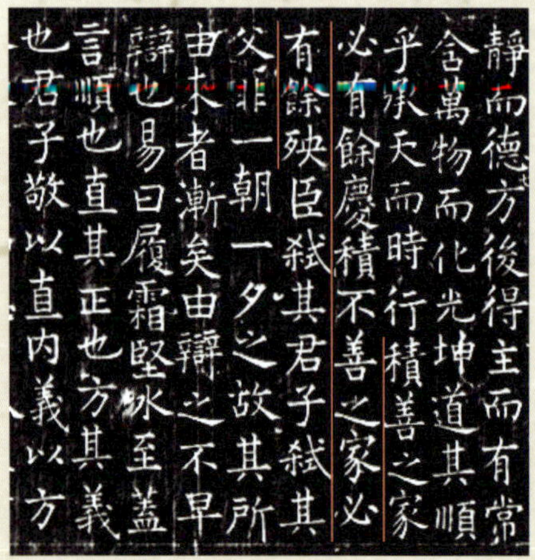

靜而德方後得主而有常
含萬物而化光坤道其順
乎承天而時行積善之家
必有餘慶積不善之家必
有餘殃臣弑其君子弑其
父非一朝一夕之故其所
由來者漸矣由辯之不早
辯也易曰履霜堅冰至蓋
言順也直其正也方其義
也君子敬以直內義以方

【一四】

不求富貴其舉賢援能有
如此者儒有聞善以相告
也見善以相示也爵位相
先也患難相死也久相待
也遠相致也其任舉有如
此者儒有澡身而浴德陳
言而伏靜而正之上弗知
也麤而翹之又不急為也
不臨深而為高不加少而

【一五】

一四

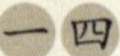

积善之家，必有余庆；积不善之家，必有余殃。

——唐开成石经《周易》

一五

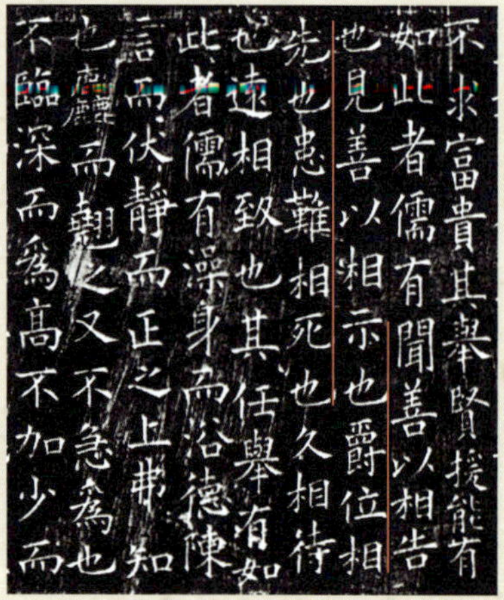

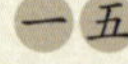

闻善以相告也，见善以相示也。

——唐开成石经《礼记》

言之晉欒書侵蔡遂侵楚獲申驪楚師之還也晉侵沈獲沈子揖初從知范韓也君子曰從善如流宜哉詩曰愷悌君子遐不作人求善也夫作人斯有功績矣是行也鄭伯將會晉師門于許東門大獲焉聲伯如莒逆也宋華元來聘聘共姬也夏宋公使公孫壽來納幣禮也晉趙莊姬為趙嬰之亡故譖之晉侯曰原屏將為亂

【一六】

一六

从善如流，宜哉。

——唐开成石经《左传》

【一七】

【一八】

【一九】

【二〇】

一七

其为人也孝悌，而好犯上者，鲜矣；不好犯上，而好作乱者，未之有也。君子务本，本立而道生。孝悌□□[也者]，其为仁之本与。

——唐开成石经《论语》

一八

子夏问孝。子曰：“色难。有事，弟子服其劳；有酒食，先生馔，曾是以为孝乎？”

——唐开成石经《论语》

一九

父母在不远游，游必有方。

——唐开成石经《论语》

二〇

父母之年，不可不知也。一则以喜，一则以惧。

——唐开成石经《论语》

謂也子夏曰富哉言乎舜
有天下選於衆舉臯陶不
仁者遠矣湯有天下選於
衆舉伊尹不仁者遠矣子
貢問友子曰忠告而善道
之不可則止毋自辱焉曾
子曰君子以文會友以友
輔仁

【二一】

孫微矣孔子曰益者三友
損者三友友直友諒友多
聞益矣友便辟友善柔友
便佞損矣孔子曰益者三
樂損者三樂樂節禮樂樂
枉道而事人何必去父母
之邦齊景公待孔子曰若
季氏則吾不能以季孟之

【二二】

二一

君子以文会友，以友辅仁。

——唐开成石经《论语》

二二

益者三友，损者三友。友直、友谅、友多闻，益矣。友便辟，友善柔，友便佞，损矣。

——唐开成石经《论语》

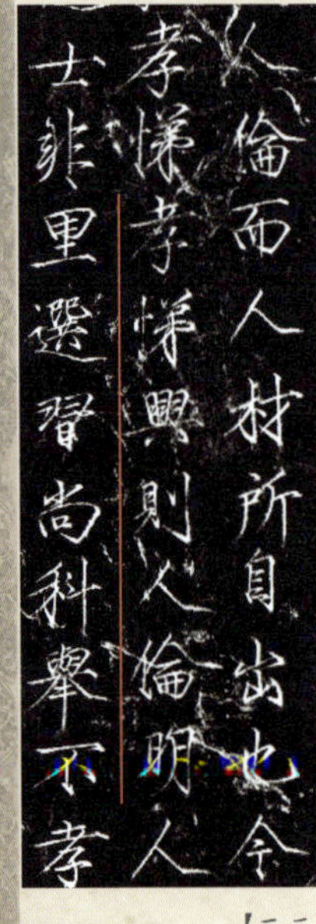

【二三】

【二四】

孝悌兴则人伦明。

——北宋《大观圣作之碑》

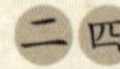

善父母为孝，善兄弟为悌。

——北宋《大观圣作之碑》

【二五】

二五

积善

——明《积善》

形骸之物耶詩云有物有則物雖在物則常在我吾止於慈孝而天下同止於慈孝則慈孝之物格以言格物有一之不格己不可以言正此己之外

【二六】

二六

吾止于慈孝，而天下同止于慈孝，则慈孝之物格。

——明《正己格物说》

人道經緯孝先万
事敗子傾家不如
絕嗣亦有田舍稍

【二七】

二七

人道经纬，孝先万事。

——明《徐翼所公家训碑》

愚經書不可不讀居身務其質樸訓
見貧苦親鄰須多溫恤刻薄成家理
肅詞嚴聽婦言乖骨肉豈是丈夫重
奩見富貴而生諂容者最可恥見貧

【二八】

善欲人見不是真善惡恐人知便是
大惡見色而起淫念報在妻女匿怨
囊橐無餘可稱至樂讀書志在聖賢
右新安朱文公夫子家訓也語

【二九】

二八

见贫苦亲邻，须多温恤。

——清《朱子家训碑》

二九

善欲人见，不是真善；恶恐人知，便是大恶。

——清《朱子家训碑》

【三〇】

三〇

为善最乐

——清《为善最乐》

天下疲癃殘疾惸獨鰥寡皆吾兄弟之顛連而無告者也于時保之子之翼也樂且不憂純乎孝者也違曰悖德害仁曰賊繼惡者不才其踐形惟肖者也知化則善述其事窮神則善

【三一】

三一

于时保之，子之翼也；乐且不忧，纯乎孝者也！

——清《吴荣光书张载东西铭》

文昌帝君勸孝文

帝君垂訓曰今日是元旦為人間第一日吾當說人間第一事何謂第一事孝者百行之原精而極之可以參贊化育故謂之第一事赤子離了母胎在懷抱便知得故謂之第一事含此一事並無學問含此一事並無功業含此而立言則為無本之言含此而能功蓋天下到底不從性分中流出必作偽以欺國負本以滅身天地是孝德結成日月是孝光發亮孝之道言不可得而盡也為人子者事富貴之父母易事貧賤之父母難事康健之父母易事衰老之父母難事具慶之父母易事寡獨之父母節大富貴之父母出入有人扶持居止有人陪從其須常給其心常歡貧賤之父母捨却白長夫妻誰為言笑辭了十年子媳莫與逆隨人子一日在外父母一日孤悽為人子者善體其情能項刻離左右也乎康健之父母行動可以自如取攜可以自便朝作暮息可以任意訪親問舊可以娛情衰老之父母兒子便是手足不在面前手足欲舉而不能媳婦便是腹心不在膝下腹心有求而不遂時而欣欣於內時而戚戚於懷為人子者善體其情能項刻離左右也乎具慶之父母日間有以作伴夜間有以相溫晝無所事相與說長論短夜不成眠互為知寒道冷寡獨之父母兒女雖有團圓之樂夫妻已成離別之悲家庭之內獨行踽踽涼涼形影之間惟有悽悽楚楚為人子者善體其情能項刻離左右也乎嗚呼誠問身從何來親為生我之本孝為何事人所自有之心見我此章而不動心者非人也見我此章而不墮淚者非人也逆子忤媳見戒此章而不化為孝子順媳者與禽獸何異人人得而誅之者也

乾隆癸卯仲春上澣

南沙蔣勲薰沐敬書

問第一事何謂第一事孝
者百行之原精而極之可
以參贊化育故謂之第一
事赤子離了母胎在孩抱
便知得故謂之第一事舍

【三二】

道言不可得而盡也為人
子者事富貴之父母易事
貧賤之父母難事康健之
父母易事衰老之父母難
事具慶之父母易事寡獨
之父母難夫富貴之父母

【三三】

三二

孝者百行之原，精而极之，可以参赞化育，故谓之第一事。

——清《文昌帝君劝孝文》

三三

为人子者，事富贵之父母易，事贫贱之父母难；事康健之父母易，事衰老之父母难；事具庆之父母易，事寡独之父母难。

——清《文昌帝君劝孝文》

以民为本

治国有常，利民为本。人民是国家的基石和主体，国家是人民的依赖和保障，潜心为民，一切为了人民，一切依靠人民，国家与人民休戚与共、生死相依。

伍

以民為本

【〇一】

〇一

灾害灭除，黔首康定，利泽长久。

——秦《峄山刻石》(北宋摹刻)

畢等恤民之要存慰高年撫育鰥寡以家
錢糴米粟賜癃盲大女桃婓等合七首藥
置郵百姓繦負反者如雲散治廬屋市肆

【〇二】

風雨時節歲獲豐年農夫織婦百工戴恩
脩身之士官位不登君乃閔縉紳之徒不
報廓廣聽事官舍廷曹廊閣升降揖讓朝

【〇三】

〇二

恤民之要，存慰高年，抚育鳏寡，以家钱籴米粟赐癃盲。

——东汉《曹全碑》

风雨时节，岁获丰年，农夫织妇，百工戴恩。

——东汉《曹全碑》

司寇道越三代止乎季孟之閒為論五伯終從大夫之後固知棲遑
弗已志在於求仁□□從時義存於拯溺方且重反淳風一匡末運
專車能對識肉象之□明商羊之興雨知來藏往一以貫之但否
武陳蔡為幸斯之謂與是自衛反魯刪書定樂贊易道以測精微

【〇四】

〇四

固知栖遑弗已，志在于求仁；□□[危逊]从时，义存于拯溺。方且重反淳风，一匡末运。

——唐《孔子庙堂碑》(北宋摹刻)

【〇五】

〇五

盖先王用刑，□[所]以彰善瘅恶；圣人明罚，是以小惩大诫。

——唐《御史台精舍碑》

【〇六】

〇六

夫孝，天之经也，地之义也，民之行也。

——唐《石台孝经》

【〇七】

〇七

俗无寇盗，人有乐康。

——唐《大秦景教流行中国碑》

【〇八】

治本于农，务兹稼穑。

——唐《怀素草书千字文》(明代摹刻)

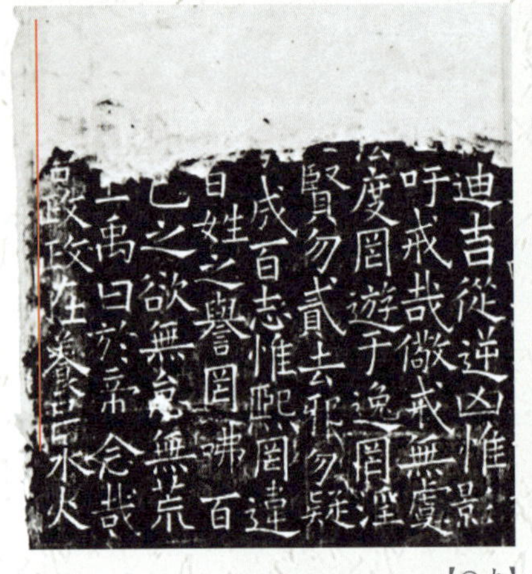
【〇九】

【一〇】

【一一】

【一二】

〇九
□□□[德惟善]政,政在养民。
——唐开成石经《尚书》

一〇
民惟邦本，本固邦宁。
——唐开成石经《尚书》

一一
以公灭私，民其允怀。
——唐开成石经《尚书》

一二
民亦劳止，汔可小康。
惠此中国，以绥四方。
——唐开成石经《诗经》

【一三】

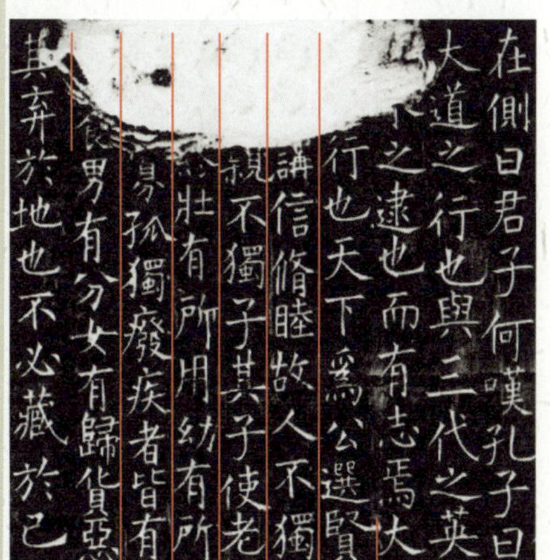
在側曰君子何嘆孔子曰
大道之行也與三代之英
之逮也而有志焉大
行也天下爲公選賢
講信脩睦故人不獨
親不獨子其子使老
壯有所用幼有所
孤獨廢疾者皆有
男有分女有歸貨惡
其棄於地也不必藏於己

【一四】

苟无礼义、忠信、诚悫之心以莅之，虽固结之，民其不解乎？

——唐开成石经《礼记》

大□□[道之]行也，天下为公，选贤□□[与能]，讲信修睦。故人不独□□[亲其]亲，不独子其子，使老□□□[有所终]，壮有所用，幼有所□[长]，□[矜]、寡、孤、独、废、疾者皆有□[所]养。

——唐开成石经《礼记》

【一五】　　【一六】

一五

大学之道，在明明德，在亲民，在止于至善。

——唐开成石经《礼记》

一六

民之所好好之，民之所恶恶之，此之谓民之父母。

——唐开成石经《礼记》

國人而訓之于民生之不
易禍至之無日戒懼之不
可以怠在軍無日不討軍
實而申儆之于勝之不可
保紂之百克而卒無後訓
之以若敖蚡冒篳路藍縷
以啓山林箴之曰民生在
勤勤則不匱不可謂驕先
大夫子犯有言曰師直爲

【一七】

用不足如之何有若對曰
盍徹乎曰二吾猶不足如
之何其徹也對曰百姓足
君孰與不足百姓不足君
孰與足子張問崇德辨惑
子曰主忠信徙義崇德也
愛之欲其生惡之欲其死
旣欲其生又欲其死是惑

【一八】

一七

民生在勤，勤则不匮。

—— 唐开成石经《左传》

一八

百姓足，君孰与不足？百姓不足，君孰与足。

—— 唐开成石经《论语》

惟恐王之不好勇也齊宣
王見孟子於雪宮王曰賢
者亦有此樂乎孟子對曰
有人不得則非其上矣不
得而非其上者非也爲民
上而不與民同樂者亦非
也樂民之樂者民亦樂其
樂憂民之憂者民亦憂其
憂樂以天下憂以天下然
而不王者未之有也昔者

【一九】

來觀之顔色之戚哭泣之
哀弔者大悦滕文公問爲
國孟子曰民事不可緩也
詩云晝爾于茅宵爾索綯
亟其乘屋其始播百穀民
之爲道也有恒産者有恒
心無恒産者無恒心苟無
恒心放辟邪侈無不爲已
及陷乎罪然後從而刑之
是罔民也焉有仁人在位

【二〇】

乐民之乐者，民亦乐其乐；忧民之忧者，民亦忧其忧。

——清刻《孟子》

民事不可缓也。

——清刻《孟子》

【二一】

【二二】

【二三】

二一

得天下有道：得其民，斯得天下矣。得其民有道：得其心，斯得民矣。得其心有道：所欲与之聚之，所恶勿施，尔也。

——清刻《孟子》

二二

善政民畏之，善教民爱之。善政得民财，善教得民心。

——清刻《孟子》

二三

亲亲而仁民，仁民而爱物。

——清刻《孟子》

乾稱父坤稱母子玆藐焉乃混然中處故天
地之塞吾其體天地之帥吾其性民吾同胞
物吾與也大君者吾父母宗子其大臣宗子
之家相也尊高年所以長其長慈孤弱所以
幼其幼聖其合德賢其秀也凡天下疲癃殘

【二四】

民吾同胞，物吾与也。

——明《张子西铭》

張子西銘

乾稱父坤稱母予茲藐焉乃混然中處故天地之塞吾其體天地之帥吾其性民吾同胞物吾與也大君者吾父母宗子其大臣宗子之家相也尊高年所以長其長慈孤弱所以幼其幼聖其合德賢其秀也凡天下疲癃殘疾惸獨鰥寡皆吾兄弟之顛連而無告者也于時保之子之翼也樂且不憂醇乎孝者也違曰悖德害仁曰賊濟惡者不材其踐形惟肖者也知化則善述其事窮神則善繼其志不愧屋漏為無忝存心養性為匪懈惡旨酒崇伯子之顧養育英才潁封人之錫類不弛勞而底豫舜其功也無所逃而待烹申生其恭也體其受而歸全者參乎勇於從而順令者伯奇也富貴福澤將厚吾之生也貧賤憂戚庸玉汝於成也吾順事沒吾寧也

横渠張夫子為關學第一大儒此篇為理學第一文字乃西安學宮碑碣如林而不及此真是缺典馮仲好先生欲予正書刻石以示多士余雖楷法未工而所傳不在書也姑附横渠以不朽耳

宵秉燭升杖芒鞋結儔侶涇桂茶鐺

付僮僕雲臺觀裏約齋雲玉泉院中

聽漱玉同倚多扶滿勝具和陟坡陀蹬

韌續悼疊峯迴路無窮涯料垂閣

在山幽激徑蜿蜒蟻旋磨礎攀

蹻躡上竹箭鐵依稀王猛臺丹砂隱

現張超谷莎蘿坪與青柯坪小憩聊

尋道者淒過此峻嶸金危絕鐵

鏁高垂手雖偶五手仍峻徒窮尚

十八盤經猱駭目高掌真疑巨靈

擘絕頂恐學昌黎哭游人至此怯

山靈高險佃人何太酷雖去山更怪

人頑世端蹴蹈穿其腹茲山峭拔

本天成但以骨挺不以肉呼吸宏義

帝座通歷超一任人間似如君超詣

乃出塵上感絕神一造民福遑留

自曾聖生秀語皆徒尋山綠希

夷石室應重開也謂廣海蟾仙庵和堪

藥（劉海蟾修煉於華山今峯頂有四仙庵海蟾其一也借指開石）稍慚塞分為

戎人何日陰崖搭茅屋惟期淨馬此

山陽遙聽封人上三祝

少陵書林殷子和藻

頻陽劉安篤鐫

【二五】

二五

如君超诣乃出尘，上感岳神造民福。荡胸自有曾云生，秀语岂徒夺山绿。

——清《游华山诗》

家国情怀

陆

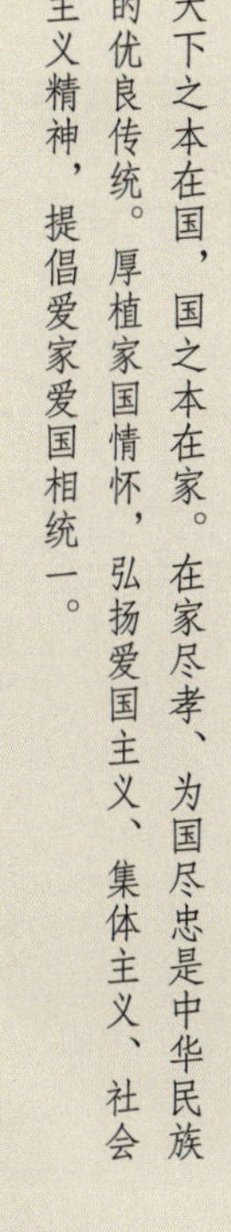

天下之本在国，国之本在家。在家尽孝、为国尽忠是中华民族的优良传统。厚植家国情怀，弘扬爱国主义、集体主义、社会主义精神，提倡爱家爱国相统一。

【〇一】

【〇二】

〇一

衔须授命，结缨殉国，英声焕乎记牒，徽烈著于旂常。

——唐《皇甫诞碑》

存信舍原，黄金贱于然诺；忘身殉□[难]，□□[性命]轻于鸿毛。

——唐《皇甫诞碑》

【〇三】

〇三

推赤诚而许国，冒白刃以率先。

——唐《郭家庙碑》

為集州刺史新野公後朝朔望引至御榻曰見危授命
臨大節而不可奪古人所重何以加卿事具周書弟之
小記室字孔歸君之曾祖也隋司經校書東宮學士率
國史稱溫大雅在隋與思魯同事東宮彥博與愍楚同

【〇四】

入我河縣所在官吏多受迫脅卿兄以人臣大
歷數其罪手足寄於鋒刃忠義形於顏色古所
草書亂山令茂曾好屬文詁訓仁厚絕衆揵爲
剖判杭州參軍允南仁孝有清識工詩人多誦

【〇五】

〇四

后朝朔望，引至御榻曰：“见危授命，临大节而不可夺，古人所重，何以加卿？”

——唐《颜氏家庙碑》

〇五

手足寄于锋刃，忠义形于颜色。

——唐《颜氏家庙碑》

【〇六】

〇六

故持宪而佞邪远，理财而邦家给。出藩而长城万里，入辅而赓歌载扬。

——唐《李夷简家庙碑》

【〇七】

【〇八】

【〇九】

〇七

君子安而不忘危，存而不忘亡，治而不忘乱。

——唐开成石经《周易》

〇八

故圣人耐以天下为一家，以中国为一人者，非意之也，必知其情，辟于其义，明于其利，达于其患，然后能为之。

——唐开成石经《礼记》

〇九

苟利国家，不求富贵。

——唐开成石经《礼记》

子恃之而不事楚又不設
備故亡晉侯復假道於虞
以伐虢宮之奇諫曰虢虞
之表也虢亡虞必從之晉
不可啓寇不可翫一之謂
甚其可再乎諺所謂輔車
相依脣亡齒寒者其虞虢
之謂也公曰晉吾宗也豈
害我哉對曰大伯虞仲大

【一〇】

魯國何罪叔出季處有自
來矣吾又誰怨然鮒也賄
弗與不已召使者裂裳帛
而與之曰帶其褊矣趙孟
聞之曰臨患不忘國忠也
思難不越官信也圖國忘
死貞也謀主三者義也有
是四者又可戮乎乃請諸
楚曰魯雖有罪其執事不

【一一】

鄅叛而來故曰取凡克邑
不用師徒曰取鄭子產作
丘賦國人謗之曰其父死
於路己爲蠆尾以令於國
國將若之何子寬以告子
產曰何害苟利社稷死生
以之且吾聞爲善者不改
其度故能有濟也民不可
逞度不可改詩曰禮義不
愆何恤於人言吾不遷

【一二】

一〇

辅车相依，唇亡齿寒。

——唐开成石经《左传》

一一

临患不忘国，忠也。

——唐开成石经《左传》

一二

苟利社稷，死生以之。

——唐开成石经《左传》

一三 老吾老，以及人之老；幼吾幼，以及人之幼。

——清刻《孟子》

是不爲也非不能也故王之不王非挾太山以超北海之類也王之不王是折枝之類也老吾老以及人之老幼吾幼以及人之幼天下可運於掌詩云刑于寡妻至于兄弟以御于家邦言舉斯心加諸彼而已故推恩足以保四海不推

【一三】

一四 天下之本在国，国之本在家，家之本在身。

——清刻《孟子》

而強酒孟子曰愛人不親反其仁治人不治反其智禮人不荅反其敬行有不得者皆反求諸己其身正而天下歸之詩云永言配命自求多福孟子曰人有恒言皆曰天下國家天下之本在國國之本在家家之本在身孟子曰爲政不難不得罪於巨室巨室之

【一四】

常侍充集賢殿學士兼判院事上柱國賜紫金魚袋柳公權書并篆
爲丈夫者在家則張仁義禮樂輔　天子以扶世導俗
無以爲達道也　和尚其出家之雄乎天水趙氏世爲秦人初母張
其室摩其頂曰必當大弘法教言訖而滅既成人高顙深目大頤方
有殊祥奇表歟始十歲依崇福寺道悟禪師爲沙弥十七正度爲比

【一五】

一五

为丈夫者，在家则张仁义礼乐，辅天子以扶世导俗。

——唐《玄秘塔碑》

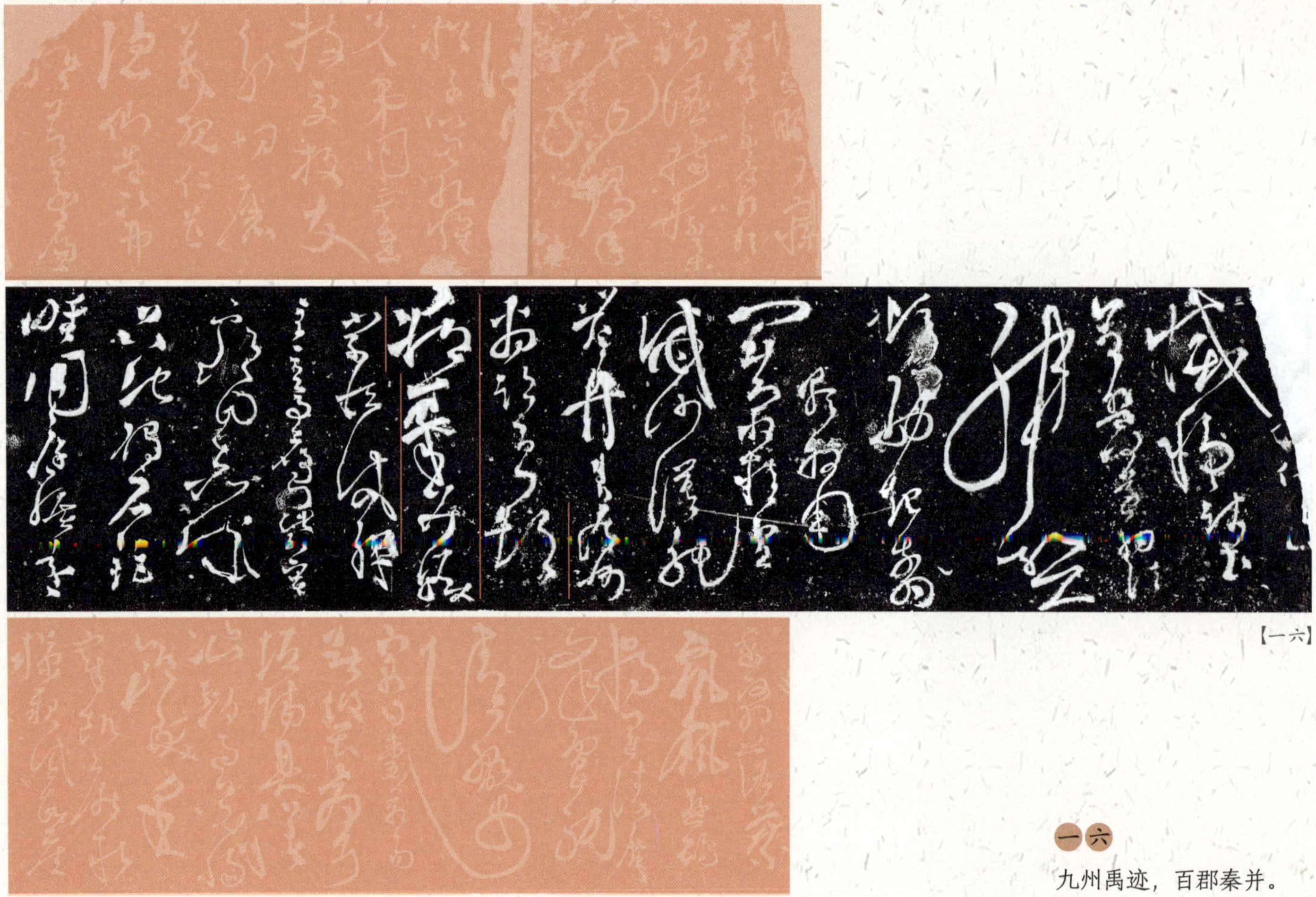

【一六】

九州禹迹，百郡秦并。

——唐《张旭断草千字文》

【一七】

一七

功成治定万国宁，郡县庙祀绝复兴。

—— 明《赡学田颂》

一八

以期上孚于君父，中信于寮友，下喻于吏民。

—— 明《正己格物说》

【一八】

【一九】

【二〇】

一九

智勇原无敌，忠诚实可风。

——清《赐岳钟琪诗》

二〇

读书志在圣贤，为官心存君国。

——清《朱子家训碑》

家国情怀

图书在版编目（CIP）数据

翰墨廉风：西安碑林廉洁文化解读 / 贺华主编. 西安：陕西人民教育出版社, 2024. 9. -- ISBN 978-7-5757-0259-1

Ⅰ. K877.424；D691.49

中国国家版本馆CIP数据核字第20245LH731号

翰墨廉风——西安碑林廉洁文化解读

HANMO LIANFENG XI'AN BEILIN LIANJIE WENHUA JIEDU

贺 华 主编

出 品 人 李晓明 叶 峰

出版发行 陕西人民教育出版社

地　　址 西安市丈八五路58号

经　　销 各地新华书店

印　　刷 中煤地西安地图制印有限公司

开　　本 787毫米×1092毫米 1/16

印　　张 9

字　　数 180千字

版　　次 2024年9月第1版

印　　次 2024年9月第1次印刷

书　　号 ISBN 978-7-5757-0259-1

定　　价 96.00元
